Matthias Müller Kuhn, geboren 1963, Theologe und Autor, schreibt seit 40 Jahren Lyrik und Prosa, er lebt und arbeitet im Raum Zürich. Neben seiner dichterischen Tätigkeit malt er Bilder mit religiösen Inhalten. Er hat einen expressiven Malstil entwickelt, mit welchen er Ikonen und andere religiöse Kunstwerke neu interpretiert.

Matthias Müller Kuhn

Gott sehen

Ein Glaubensweg
in den Deckenbildern von Zillis

Mystische Gedichte

Herstellung und Verlag: BoD – Books on Demand,
Norderstedt
ISBN:978-3-754396-16-2

Umschlag: Weihnachts-Engel, Bild nach der Decke
von Zillis von M.Müller Kuhn

Gott sehen

Ein Glaubensweg
in den Deckenbildern von Zillis

1-32

32 Bilder, Ölkreide und Aquarell auf Papier,
20x30 cm nach den Deckenbildern von Zillis
von Matthias Müller Kuhn
mit 32 Gedichten

1.
Engel, was sagst du der Welt?
Hast du eine frohe, tanzend bewegte
von vielen Winden durchwehte, alles
Bestehende aufwirbelnde Botschaft für mich?

Wohin zeigst du mit dem Finger?
Gibt es dort eine hell erleuchtete Zukunft,
die mild und geduldig auf mich wartet,
bis ich die Augen aufhebe und sie sehe?

Engel, du gehst still neben mir her
durch meine irdisch gezählten Stunden
und flüsterst mir immerzu ins Ohr:
Siehst du in deiner Seele das Reich Gottes kommen?

Weihnachtsengel, Lk 2,13

2.
Maria, du umarmst die Welt,
Städte, wo Menschen zusammengedrängt sind,
Berge und Täler von grossen Gefühlen,
das an den Himmel grenzende Meer der Seele:

So wie ich bin, finde ich Platz in deinen Armen,
und lege ab Schicht um Schicht
meine Ängste und Vorbehalte,
mein Innerstes wird klar wie ein See.

Gegrüsst seist du, Maria,
wie von einer Schale in die andere
fliesst der Fluss der Freude, der tief
in den Herzen der beiden Frauen entspringt.

Maria und Elisabeth begegnen sich, Lk 1,39

3.

Was ich dir, Maria, geben kann,
ist ein kleines, bescheidenes Gebet,
das ich dir in einer Schale reiche,
in deren Tiefe sich der Himmel spiegelt.

Du schöpfst daraus meine Bitten,
die du dir zu Herzen nimmst,
und die bei dir vielleicht wie Samen
in guter Erde gedeihen und Blüten tragen.

Du neigst dich über meine Seele,
wie ein früher Regen übers trockene Land geht,
in den leeren Tälern entstehen Flüsse
und drängen vorwärts in eine neue erfüllte Zeit.

Maria, Lk 1, 27

4.
Wenn ein Engel im Traum erscheint,
gibt es einen grossen Raum wie ein Tempel,
der nach oben sogar die Sternenbahnen
und Sonnenbogen berührt.

Wohin soll ich gehen? frag ich dich.
Sieh, mein Leben ist ein Irrgarten
mit vielen dunkel verworrenen
und verschlungenen Wegen ohne Sinn und Ziel.

Wache auf und erkenne,
dass in dein Schicksal schon
ein göttlicher Heilsfaden gewoben ist,
der dich führt ins grosse Unnennbare zu mir.

Joseph und der Engel, Mt 1,20

5.
In einer Nacht stand ich bei den Hirten
auf dem Feld, da war mir mein Leben fremd
und alles, was ich einmal war, so weit entfernt,
am Feuer wärmte ich meine Hände.

Da öffnete sich der Himmel und ein Engel erschien,
er legte ein Wort in meine Seele,
das ich seither immer leise in mir wiederhole,
Friede auf Erden. Daraus wuchs ein Baum,

in welchem die Himmelsvögel wohnen,
die immer um mein Innerstes kreisen.
Alles kam mir nah, sogar die Schafe,
die in der Kälte still auf dem Feld standen.

Engel erscheinen den Hirten, Lk 2,9

6.
Wo ist Jesus geboren?
Es gibt einen Ort in meiner Seele,
dort ist das Feld, wo die Hirten stehen
und der Himmel, in dem der Engel erscheint.

In meiner tiefsten Tiefe ist es so dunkel
wie in einem Grab, dort wird das Kind
leuchtend voll Erinnerung an Gottes Glanz
hingelegt und ich beginne zu ahnen,

Geburt und Tod kommen sich in mir so nahe,
dass der Esel meiner Beharrlichkeit und der Ochse
meines Fleisses sich für Wunder öffnen und
staunend der neuen Zeit entgegenschauen.

Geburt Jesu, Lk 2,16

7.
Bin ich der König, der den Stern
entdeckt, vielleicht in einer Tauperle
einer Blume am Morgen oder auf dem See
in einer glitzernden Welle, die vom Himmel

plötzlich auf die Wasseroberfläche fällt?
Schau, der Stern mit dem Schweif!
Ich folge ihm durch die Wüste
meiner Gedanken und finde am Ende

das Kind auf dem Schoss von Maria.
Da stehe ich verlegen vor dem Höchsten,
der lautlos seinen Segen in die Schale
meines hilflosen Stammelns legt.

Die drei Könige, Mt 2,1

8.
Wohin soll ich fliehen?
Es sitzt ein Schatten in meinem Innern,
der mir Angst macht und manchmal
nachts um mich schleicht und mir Böses will.

Da treffe ich dich im Traum, Maria, auf der Flucht,
du sitzest auf dem Esel mit dem Kind.
Darf ich neben dir gehen durch das
dunkle mich bedrängende Tal meiner Furcht?

Das Kind hebt seine kleine, feine Hand
und legt einen unsichtbaren Schutz um mich,
da verstehe ich, es gibt kein Bleiben
auf der Erde, das Ziel ist immer der Himmel.

Flucht nach Aegypten, Mt 2,14

21

9.
Maria bringt ihr Kind in den Tempel.
Ist es meine Seele, in die sie eintritt.
Da ist alles von einem milden Glanz
erfüllt und ich weiss, die Zeit ist da.

Nun lässt du mich gehen, oh Herr,
ich muss nichts mehr festhalten,
meine Hände sind voll, du hast in sie
den schweren Himmel gelegt.

Nichts Irdisches lastet mehr auf mir,
in keinen Schuldverstrickungen bin ich gefangen,
ich schwebe mit deinem Segen langsam
in deine weiten, offenen Arme.

Darstellung Jesu im Tempel, Lk 2, 21

23

10.
Im Atem liegt das Geheimnis Gottes:
Fische schwimmen in Schwärmen,
Rehe rennen und Vögel schwingen
sich mit ihren Flügeln in die Höhe,

Blumen öffnen ihre Kelche
und Bäume werden von Blütenpracht
überhäuft, der Mensch geht durch Schluchten
von einer Ahnung zur andern.

Jesus ist ein Knabe und hält eine Tontaube
in seiner Hand. Er haucht sie an
und siehe, im Atemstrom des Schöpfers
breitet sie die Flügel aus und fliegt in die Luft.

Jesus lässt Tontauben fliegen, nach Thomas

11.
Durch die Landschaft meiner Seele
fliesst ein Fluss, dort habe ich
tausend Jahre gewartet, bis Jesus kam
und sich taufen liess.

Da erschrak ich: Warum will der Himmel
sich in meine Tiefe niedersenken?
Was zuunterst war, wird in die höchste
Höhe gehoben, als er ins Wasser stieg.

Eine Taube schwebte nieder,
Lichtfülle umhüllte uns und
eine Stimme sprach: Du bist mein Sohn!
Wer bist du und wer bin ich?

Taufe von Jesus, Mk 1, 9

12.
Wie schwarze Wolken, die sich im Sturm
entladen, wie ein Schatten,
der an meinen Fersen hängt,
wie ein süsser, trügerischer Duft:

Der Teufel ist eine Gestalt, die in der Wüste
der Zweifel zu mir kommt und mich
verführen will: Verwandle die Steine
deiner Schuld in Gold!

Da steht Jesus mit abwehrender Geste
still neben mir und schafft
jenen lichtvollen Raum, in den ich
sicher und ausgeglichen eintreten darf.

Versuchung Jesu, Lk 4,1

13.
Engel sind seltsame Boten zwischen Mensch
und Himmel, als wären sie der Zeit
immer ein Haarbreit voraus
und verschöben um einen Lichtstrahl

die Wirklichkeit. Sprechen sie mit mir,
bin ich in der Welt nicht mehr ganz zuhause.
Jesus sagt: Kehrt um! Muss ich immer
meinen Blick nach innen wenden?

Spiegeln sich die Dinge in meinem
inneren Bild, das Gott in meine Seele
gelegt hat? Der Himmel ist nahe, es singen
die Engel in meinem wohlgehüteten Herzraum.

Die Engel dienen Jesus, Mt 4,11

14.
Mit einem feinen Netz sind alle Menschen
verbunden, das sich über unzählige Augenblicke
legt und dessen Ende Gott in seinen Händen hält.
Ist mein Leben nie von Willkür bestimmt?

Meine Wege sind in ein grosses göttliches
Gewebe verflochten: Fahrt hinaus
mit dem Schiff, sagt Jesus und fischt,
denn auch die Fische schwimmen in der Vorsehung.

Ich bleibe mit dem wandernden Jesus
verbunden, der hie und da an das Ufer
meiner Seele kommt und mir deutlich
und klar zuflüstert: Folge mir nach!

Wundersamer Fischfang, Mt 5,4

33

15.
In den Krügen meiner Zeit geschieht Verwandlung,
alle meine Tränen, die ich in der Seele
gesammelt habe, werden Licht,
das durch die Dunkelheit des Leidens bricht.

Jesus ist Gast bei meinem Lebensfest
und nimmt meine unerfüllten Wünsche,
Enttäuschungen und zerbrochenen Hoffnungen
in die Hand und haucht sie an

mit seinem sich immer wandelnden,
alles Harte durchdringenden, durch innere
Kraft wachsenden Geist. Ich lasse mich
fallen und taumle in einen Rausch der Freude.

Weinwunder in Kana, Joh 2,1

16.
Tief hinab reicht der Brunnen,
bis in den tiefsten Grund, durch alle
Schichten meiner Vergangenheit,
bis zu den untersten Wurzeln meiner Seele.

Mit leisem Singen entspringt,
von Lichtstrahlen durchdrungen,
schwebend, sich überschlagend,
frohlockend, die Quelle.

Jesus fragt mich: Gibst du mir zu trinken!
Als er von dem klaren Wasser trinkt,
das ich ihm reiche, fliesst meine
dunkelste Tiefe in die Fülle des Himmels.

Jesus und die Samariterin am Brunnen, Joh 4,7

17.
Meine Beine sind lahm und halten
mich nicht, hilflos liege ich
in meiner Verzweiflung, hätte ich
meine Freunde nicht, wer trüge mich

über alle Hindernisse? Sogar das Dach
meines Glaubens decken sie ab und
lassen mich in die Tiefe meines Elends
sinken, wo Jesus vor mir steht und sagt:

Steh auf! Als würde der Himmel
unter meine Arme greifen und mich hochheben,
tanze ich über Wolken und steige empor
auf Lichtstrahlen in meine höchste Hoffnung.

Heilung des Gelähmten, Mk 2,1

18.
Ich falle durch viele falsche Welten,
wer kann mich halten?
Wörter, Zahlen, Bilder wirbeln
durcheinander und ergeben keinen Sinn.

Ein Sandsturm reisst mich mit
und macht mich blind,
Berge zerfallen zu Staub
und Meere trocknen aus.

Fortgewirbelt in den klaren Himmel,
bin ich selber ein Hauch,
der aus dem Mund Gottes weht
und bald wieder zurückkehrt zu ihm.

Heilung des epileptischen Knaben, Mk 9,17

19.
Jesus steht wie eine leuchtende
Feuersäule über allem, was geschieht.
Auch wenn in den Fluten des
stürmischen Meeres meine Zeit versinkt,

wenn Felsbrocken in die Tiefe stürzen
und Hagelkörner aufgehende Blüten
meiner Gefühle zerschlagen,
es gibt eine letzte Kraft,

welche das niedergeschlagene Gemüt erhellt.
Leben ist ein sprudelnder Fluss,
der Brücken mitreisst und doch
am Ende in die Hand Gottes fliesst.

Heilung, Mt 4,3

20.
Welche Macht hält mich gefangen,
kein Wort kann über meine Lippen
kommen, ich bin stumm,
meine Sprache ist ins Dunkel versunken.

Leer werden meine Ohren
und die Augen schwarze Höhlen.
Jesus, berührst du mich,
ist es ein Hauch des Himmels?

Gleiten die ersten Strahlen
in mein Herz und erhellen mein Innerstes?
Fängt nun die Sprache an zu sprudeln
und erzählt von deinen Wundern?

Heilung, Mk 7,31

21.
Es ist zu spät! Wenn der Tod
kommt, steht die Zeit still,
stürzt die Sonne ins Meer,
fliegen die Vögel auf.

Oder gibt es einen anderen Weg?
Plötzlich fällt ins Grab ein Lichtstrahl,
leichtgewordene Steine werden
von dem schweren Schicksal fortgerollt.

Der Mensch ist befreit!
Von den Bändern der Endlichkeit
umwickelt war er gefangen,
jetzt von der Auferstehung ergriffen.

Auferweckung des Lazarus, Joh 11,2

22.
So lautlos wird der Tod
aufgehoben! Als ich schon
aus der Zeit gefallen war und
mein Sein und Wollen von mir fiel

wie welke Blätter und
mein Körper mir nicht mehr gehörte,
da kam ein neuer Hauch
und fuhr durch alle Glieder

meiner Seele. Ich stand auf,
da sah ich, wie die Welt sich grösser
und höher durchs Universum drehte
und Jesus, der sagte: Komm heraus!

Auferweckung des Lazarus, Joh 11,17

23.
Wenn meine Kleider so hell werden
wie die Sonne und die Zeit
sich auflöst, die Verstorbenen
zu mir kommen und Prophetenworte

wie fallende Sterne verglühen
und es nichts mehr zu sagen
gibt, verwandelt sich
die Welt langsam

in einen über allem schwebenden
Garten. Plötzlich aber schmerzt
dieses Licht so sehr, weil es
zu stark ist für meine Augen.

Verklärung Jesu, Mt 17,1

24.
Meine Seele ist der Tempel,
gelegen auf dem Himmelshügel,
höher als die Häuser
in der Zeit, doch manchmal

kommen Händler, geschäftige Gedanken,
sie rufen und feilschen wegen
ein paar nackten Münzen
für einen armseligen Gewinn.

Da tritt Jesus ein, erschrocken flattern
die Tauben auf, als er die Tische
umstösst: Geht weg von hier!
Da kehrt tiefe Ruhe bei mir ein.

Vertreibung der Händler, Mt 21,12

25.
Staub von vielen Wegen
an meinen Füssen:
Als würde sich das ganze
Universum vor mir verneigen

und einen Sternenteppich
ausrollen, kniest du vor mich nieder
und nimmst meinen Fuss
in deine Hände.

Als du das klare Wasser über
meine harte Haut giesst, ist mir,
als würde ich über Wellen
und Seen deiner Gnade tanzen.

Fusswaschung, Joh 13, 5

26.
Kniend auf der harten Erde
höre ich die Stimmen der Klagenden
in meinem Ohr, die Gott um Hilfe flehen.
Schwarze Wolken des unerbittlichen

Schicksals türmen sich auf vor mir,
Gott, du hast dein Gesicht
von mir abgewendet, ich falle
in unendliche Leere.

Lass den Kelch an mir vorübergehen,
er ist mit Schmerzensstürmen gefüllt,
die in die Tiefen von Galaxien fallen
in deinen sich drehenden Willen hinein.

Jesus in Gethsemane, Mk 14,35

27.
Weil so viel Schweres
auf unseren Lidern lastet,
fallen sie immer wieder zu,
obwohl wir doch sehen sollten,

wie das Unheil gewitterhoch
grollend mit verletzenden Dornen
auf uns zurollt.
Das Gebet ist eine von der Erde

losgerissene Fahne, in der
wie Schatten böse Ahnungen
tanzen, die noch in die Träume
seltsame Wellen werfen.

Die Jünger in Gethsemane, Mk 14,40

28.
Was für Abgründe schlummern
in deinem Kuss? Mit ihm weckst du
die bösen Geister, die wild tanzen
durch die dunklen Strassen der Welt!

Sie dringen durch Ritzen und
schlecht verschlossene Türen in die Seele.
Freund, die eine Seite deines Gesichts
ist in undurchdringbare Schatten versunken,

aber die andere bleibt die helle,
dem Licht zugewandt leuchtende,
es ist der halbe Mond in der Nacht
meiner Schmerzen.

Der Judaskuss, Mk 14,45

29.
Wie kann ich mich wehren
gegen die feindlichen Mächte,
die mit Waffen und schwarzem
Angstgewölk das Leben bedrohen.

Ich werfe mich einem Soldaten
entgegen und schlage den blanken,
geschliffenen Schrecken
gegen sein Gesicht! Oh heilende Kraft,

fliesse durch meine Schuld,
dass all die bösen, abgeschlagenen
Wörter sich wieder fügen
in deinen umfassenden Frieden.

Das abgeschlagene Ohr, Mt 26,51

30.
Er zeigt mit dem Finger auf mich:
Die Schuld des Menschen
ist eine schwere, dunkle Wolke,
aus der Unheilsregen fällt.

Ich schweige! Da neigt sich
das Unrecht auf mich,
wie der Stamm eines grossen Baumes,
den ich auf der Schulter trage,

wo auf den Blättern alle Ungerechtigkeit
der Erde aufgeschrieben ist: Gebt mir
eure Schuld, ich trage das Kreuz durch
eure schwarzen Schmerzen in ein neues Licht.

Jesus vor Pontius Pilatus, Mt 27,13

31.
Die Stacheln der Krone stechen
in meinen Kopf, schon steht der Tod
gross und mächtig hinter mir.
Jetzt ist es Zeit loszulassen.

Ich falle durch Schluchten von Schmerzen,
wie grausam ist die Welt!
Plötzlich brennt sich in meine Seele
die Erkenntnis ein, dass der Weg

durch den Spott der Soldaten
und das Dornengestrüpp des Leidens hindurch
führt in eine vom Auferstehungslicht leicht und
hell gewordene Gottes Welt.

Kreuzigung Jesu, Mk 15,1

32.
So bin ich angekommen, Gott,
in deinem ewigen Sein. Mein Glaube
zeichnet sich ab, eine Bergkette
über den Hügeln der Zeit.

Ich trage eine Ahnung in mir
von Bildern, in denen du vage,
in einem unergründlichen Glanz
aufgehoben in den Wolken

des Nichtwissens zu sehen bist.
Noch lange bleibt deine Spur:
Du bist mir in einem Bildhauch,
im Säuseln eines Windes nahe gekommen.

32 Bilder
nach der romanischen Bilderdecke
in der Kirche St.Martin in Zillis

Gott sehen

Mystische Gedichte
1-120

1.
Wenn ich auch stehe in der Zeit,
schmeck ich schon die Ewigkeit,
es schläft in meinem Mund
dein Wort ohne Ende und Grund.

2.
Ich sehe dich im Kleinen,
sogar in einfachen Steinen,
die in deinem steten Fliessen
ihr fröhliches Dasein geniessen.

3.
Du bist mein Bruder,
im Sturm halt ich das Ruder,
wenn ich zu dir kommen will,
wird's in meinem Herzen still.

4.
Wo kann ich dich finden,
wenn Glaube und Hoffnung schwinden,
und im leeren, winterlichen Baum
kein Lächeln hängt und kein Traum.

5.
Haben wir dich verloren?
In deinen grossen Ohren
sind unsere Nöte und Sorgen
wunderbar gut geborgen.

6.
Wenn ich an dich denke
und mich in dich versenke,
mit einem Lächeln im Gesicht
verlier ich mein schweres Gewicht.

7.
Träume ich zu schweben,
vermagst du mich zu heben
in den Raum der Sterne
in blauer, wundersamer Ferne?

8.
Kann ich ein Engel sein,
wenn die Angst wie ein Stein
liegt in meinem hilflosen Herz
und sich klammert an den Schmerz.

9.
Weil ich dich immer umkreise
auf meiner langen Lebensreise,
bist du mir so sehr vertraut
als wärest du in meiner Haut.

10.
Suche ich in dir festen Halt,
verhüllst du deine Gestalt,
mit hellen Flügeln bist du fortgeflogen
und hast dich meinem Blick entzogen.

11.
Da ich alles einmal lassen muss,
mein Denken und auf der Zunge den Genuss,
werde ich vor dir stehen so arm,
dass sich Gott erbarm.

12.
Gott, bist du so unfassbar gross,
dass du mit einem kleinen Stoss
alles mühsam von meiner Hand
Erbaute wirst zerrinnen lassen zu Sand.

13.
Ich trage in mir den Tod
wie ein Stück hartes Brot,
das du auf meine Zunge legst,
es wird mein tiefstes Gebet.

14.
Geh ich von der Erde fort,
leg ich dir mein lang gereiftes Wort,
das in meinem Schweigen gross
geworden ist, in deinen Schoss.

15.
Auf der Lebensbühne welche Rollen
wir täglich spielen sollen,
hast du uns liebevoll gezeigt
und vor wem haben wir uns verneigt?

16.
Ich habe in mir eine Sehnsucht, die glüht,
wenn ich den Abendhimmel sehe, wie er blüht,
ein zärtlich roter Wolkenmohn
von dir, du ewiger, was ahne ich schon?

17.
Ich bin ein fallendes Blatt,
alleine und fern von der Heimat,
fortgeweht vom Lebensbaum,
der blüht in meinem Sehnsuchtstraum.

18.
Ich werde einmal zurückkommen,
von der Reise noch ein wenig benommen,
gehe ich unbekümmert und froh
durch das Tor und leg mich ins himmlische Stroh.

19.
Ich bin ein kleiner Tropfen nur,
der an einer unsichtbaren Schnur
am unermesslich grossen Himmel hängt
und am Ende in deine Hände fällt.

20.
In mir gibt es einen heiligen Raum,
der ist so klar und rein, kaum
mit den Augen zu sehen,
wo sich Himmel und Erde verstehen.

21.
Ich gehe auf einem Lichtstrahl,
am Morgen zum himmlischen Mahl
beim Aufgang der Sonne,
auf der Zunge den Geschmack von Wonne.

22.
Ich kreise um dich auf Sternenbahnen,
ich tanze mit dir in Gebetsfahnen,
ich wachse mit dir in Baumkronen,
ich bin aus dir Gott geboren.

23.
Die Erde hat ein luftiges Kleid,
in das verwoben ist das dunkle Leid,
den hellen Fäden der Freude entlang
entsteht ein wundersamer Klang.

24.
Mit dem Zirkel des Verstandes ausgemessen,
versinken die Zahlen im blauen Vergessen,
sie sind wie Fischschwärme im Meer
und mein Kopf wird langsam leer.

25.
Würde ich einmal ein Engel werden,
kann ich voller Hoffnung sterben,
wenn mein Körper zerbricht
werde ich aufgehoben ins Licht.

26.
In meinem Innersten gibt es ein Wort,
es ist ein stiller Garten und dort
möchte ich dich heimlich treffen
und über deine tausend Geheimnisse sprechen.

27.
In meiner Seele gibt es Hügel,
die flattern wie helle Flügel
durch die blaue Nacht
und haben mir Trost gebracht.

28.
In der Blume liegt ein Geheimnis,
hinter vielen Blütenblättern ist die Erkenntnis,
verhüllt von duftenden Schleiern der Schönheit
geht würdevoll welkend die Wahrheit.

29.
Auf meiner Hand liegt ein Kern,
darin versunken schlummert ein Stern,
in welchen fruchtbaren Boden er fällt
und Erde und Himmel zusammenhält.

30.
Die Welt ist ein weitläufiger Irrgarten,
wo Menschen verzweifelt darauf warten,
dass du ihnen zeigst eine ewige Spur
in den zufälligen Zahlen der Weltzeituhr.

31.
Würde ein Engel aus den Wolken brechen
und Blitze durch die stürmischen Nächte stechen,
es fiele am Ende ein sanfter Regen
und wäre für die Erde ein Segen.

32.
Ich stehe am Rand der Welt
und schaue hinauf ins Himmelszelt,
das Universum fällt in meine Hand
im sternenbestickten Gewand.

33.
Das grösste Ereignis liegt in meinem Innern,
es übersteigt wie ein Gebirge alles Erinnern
und ist eine tief verborgene Quelle,
die aufbrechen wird an der einsamsten Stelle.

34.
Einmal möchte ich eintauchen
in die Herrlichkeit meiner Augen,
alle Wege laufen hin ins Runde
einer unsichtbar verdichteten Stunde.

35.
Ich war in der wortlosen Wüste,
da fand ich eine wundersame Blüte,
als ich das letzte Wort verlor,
ging dein Schweigen auf in meinem Ohr.

36.
Du bist im frischen, wehenden Wind,
in einem Säuseln, wie ein schlafendes Kind,
du bist im schweren, aufwühlenden Sturm,
und stehst doch wie ein unumstösslicher Turm.

37.
Du wölbst dich über meine Brauen
und tanzest wie eine Feder durch mein Schauen,
du gleitest in kühnem Sprung über meine Stirn,
drehst dich in wilden Wirbeln durch mein Gehirn.

38.
Du strömst als singender Atem durch meine Kehle,
und wirst still in meiner Seele,
um über den Wellen des Meeres zu schweben,
schaffst du in deinem Geist neues Leben.

39.
Durch alles Lebende geht ein Gesang,
über der Erde liegt ein Teppich aus Klang,
der sich ins All hinaus dehnt und dreht
und sanft in Gottes grosses Ohr eingeht.

40.
Weil das Ende in allem schwingt,
in einem Lied der letzte Ton schon klingt,
lege ich in deine Hand mein ganzes Leben
und werde als Engel in dir schweben.

41.
Finde ich dich überall,
in Sternbildern im Weltall
in zufälligen Blüten in Ritzen von Steinen,
schlägst du den Bogen vom Grossen zum Kleinen.

42.
Schwebst du lose in der Luft,
wie einer Rose roter Duft,
oder wirbelst du in einem wilden Fluss,
der mich im Innersten immer ergreifen muss.

43.
Bist du unantastbar fern,
wie ein weit entlegener Stern,
oder wie ein inniger Gedanke so nah,
der mir immerzu sagt: Ich bin da.

44.
Wer hat die Welt erschaffen, dein Wille,
der gesammelt ist in ewiger Stille,
in der sich vor aller Zeit Geschichten,
Bezüge und Gestalten verdichten.

45.
Wann hat deine Liebe zur Erde begonnen,
als Wasser durch deine Hände geronnen,
der Geist schwebte über der Flut,
da sagtest du: alles wird gut.

46.
Warum bin ich nur so heiter,
ich weiss, das Leben geht weiter
aus meinem Ende entsteht
ein Anfang, der nie mehr vergeht.

47.
In meinen Stunden kreist ein Bogen,
ich folge dir und gehe ausgewogen
leicht und heiter auf den Wegen,
die hinführen zu deinem runden Segen.

48.
Es gibt grosse Räume voll Erinnern,
durch die ich gehe in meinem Innern,
vertraute Landschaft mit Tälern und Hügeln,
sanft berührt von eines Engels Flügel.

49.
Da hebt sich auf die Zeit wie ein Dampf
und löst sich aus Widerspruch und Kampf,
plötzlich ist alles deutlich und klar,
die Geschichten werden ewig und wahr.

50.
Ich erkenne endlich die Bilder,
die durchlässig geworden sind und milder,
nicht mehr flüchtig vorbeiziehen
und nicht vor meinen Augen fliehen.

51.
Die Bilder gehen ein
vom Lebensfaden gewoben zart und fein,
befreit von Täuschung und Betrug
in den grossen ewigen Bezug.

52.
Wenn eine Träne durchs Licht fällt,
sehe ich, dass sie beides enthält,
helle Freude, bewegend und gross,
tiefes Leiden, armselig und bloss.

53.
Wie gross ist des Himmels Gewicht,
wenn ich träume, auf meinem Gesicht
tanzen Engel über meine Brauen,
lass mich in die Tiefe des Universums schauen.

54.
Was vor mir liegt, meine Zukunft,
flieht hin auf einen einzigen Punkt,
des Todes Nadelöhr, durch das der feine Faden
meines Lebens geht mit deinen Gnaden.

55.
Manchmal treibt mein Lebensschiff verloren,
seit ich auf der Erde geboren,
wenn Stürme und böse Winde toben,
will ich dich doch in meinem Herzen loben.

56.
Meine Seele ist ein spiegelklarer See,
in der Sonne funkelnder Schnee,
ich kann in meine Seele wie in einen Fluss sehen,
und doch sicher auf uraltem Grund stehen.

57.
Wir müssen die grossen Gedanken denken
und sie an die Welt verschenken,
dass von Mensch zu Mensch ein Funke springt
und der ganze Kosmos davon klingt.

58.
Durch Schicksalsfäden verbunden,
hängen die vielen farbigen Stunden
der Menschen in einem feinen Netz,
geknüpft nach einem himmlischen Gesetz.

59.
Was wir in unserm Innern glauben,
gleicht einem unfassbaren Zaubern,
wo eine leere Ebene war,
erheben sich Berge unumstösslich und klar.

60.
Am Ende lassen wir alle Bezüge los,
und sinken in deinen unendlich grossen Schoss,
wo wir uns tief besinnen
und ein neues Leben beginnen.

61.
Im Traum steht am Himmel eine Leiter,
ich steige hinauf immer weiter,
bis ein Engel mich berührt
und mich sacht zum Erwachen führt.

62.
Es ist ein Gesang in meiner Seele,
der klingt wundersam dir zur Ehre,
wer hat ihn je in mir begonnen,
war er da schon vor Sternen und Sonnen.

63.
Mit einem Bein auf der Erde stehen,
mit dem anderen im Himmel gehen,
ich bin nicht von dieser Welt
und doch mitten in sie hineingestellt.

64.
Ich stehe vor dir mit leeren Händen,
wirst du mein Nichts in deine Fülle wenden
und deinen himmlischen Segen
in meine Armut legen.

65.
Ich habe einen Schatz in mir,
der kommt von Ewigkeit aus dir,
dort tanzen schon die Engel und singen
und wollen der Welt nur Gutes bringen.

66.
Sähe ich von innen einmal mein Gesicht,
es verlöre das auf ihm liegende Gewicht
und wäre wie das wachsende Licht
eines Mondes, das leicht die Nacht durchbricht.

67.

Was bleibt mir von allen Mühen,
wenn zum Ende gekommen ist das Blühen?
Wie verwelkte Blätter ist mein Wissen,
es taumelt auf des Vergessens Kissen.

68.

Ich sehe einen Glanz in den Dingen,
ich höre in allem ein Singen,
wenn sich dein Wesen in meine Augen legt
und durch meine Ohren sich dreht.

69.

Du bist so gross, ich so klein,
ich bin so grob und du so fein,
wie werden wir uns jemals finden,
wie kann ich dich an mich binden?

70.
Du bist in mir das weite Meer,
alle Gedanken werden leer,
wenn du bei mir mit deinem ewigen Wesen
einkehrst, um in meinem Lebensbuch zu lesen.

71.
Ich kann von meinem Gebet nicht lassen,
solange ich gehe auf irdischen Strassen,
trage ich in meinem Herzen immer
von dir einen hellen, göttlichen Schimmer.

72.
Ich baue aus deinen Worten eine Kathedrale,
die ist wieder versunken schon viele Male
in deinem grundlosen Licht,
das aus meinem Innersten bricht.

73.
Würde mir ein Engel die Welt erklären
und wundersam mein Wissen vermehren
über die letzten Dinge des Lebens,
alle Rätsel und Irrwege wären nicht vergebens.

74.
Wäre alles, was geschieht, nur ein Spiel
und gäbe es kein sicheres, festes Ziel,
ich würde dich trotzdem umkreisen
und im Umlauf der Sterne dich preisen.

75.
Es ist ein Wunder in allen Dingen,
die in ihrem Innersten ein Lied singen,
von ihrem unerklärlichen Entstehen
und lautlos verklingenden Vergehen.

76.
Es gibt nichts, das ist wie du so fern,
es ist nichts, das ich habe wie dich so gern,
ich halt dich fest am äussersten Zipfel
und steige mit dir auf den höchsten Gipfel.

77.
Tief wie eine Schlucht ist meine Schuld,
hoch wie der Himmel deine Geduld,
könnte ich nur mit dir tanzen,
das Zerbrochene fügte sich zum Ganzen.

78.
Wenn meine Seele ein feiner Hauch
des Himmels berührt, werde ich auch
ein Wind, der durch die Welt fährt
und von deiner Grösse erzählt.

79.
Wenn der Geist mich ergreifen will,
wird es in meinem Inneren still,
es ist die Ruhe vor dem Sturm,
der in den Himmel ragt wie ein Turm.

80.
Fortgewirbelt vom Geist durch die Luft,
wundersam gebettet in einen Duft,
getragen in einem unsichtbaren Fluss
leg ich mich in einen zärtlichen Kuss.

81.
Der Geist ist wie ein weisser Wind,
zart wie ein neugeborenes Kind,
er dringt durch dicke Wände
und hat tausend helfende Hände.

82.
In meinem Atem gibt es ein Rauschen,
dem alle meine Sinne lauschen,
es fährt durch die höchsten Gipfel
und bewegt leise der Bäume Wipfel.

83.
Wie sehr ich an der Erde hing,
merkte ich erst, als ich von ihr ging,
da war vor lauter Engelsflügelschlagen
kein Raum mehr zum Klagen.

84.
Alles ist Gnade, was ich erlebe,
alles, wonach ich strebe,
werde ich endlich loslassen,
um nur dich zu umfassen.

85.
Jetzt bin ich in meiner Seele so frei,
aus Entzücken mach ich einen Schrei,
in mir geht auf das All, ein so grosser Raum,
dass ich mit allen Sonnen und Sternen staun.

86.
Solange ich auf Erden bin als Menschenkind,
geh ich auf meinen Wegen blind,
ich bin gebeugt von Schmerz und Lasten
und kann nur nach der Wahrheit tasten.

87.
Mein Körper ist wie ein Krug,
der hat einmal von der Mühsal genug,
er muss immer Wasser tragen
und sich mit dem Alltag plagen.

88.
Wenn mein Körper mich nicht mehr erhält,
und wie ein Gefäss auf den Boden fällt
und zerbricht, wird meine Seele zerrinnen
oder wie ein Vogel den Himmel gewinnen.

89.
Meine Seele entweicht leicht durch Ritzen,
im Sturm leuchtet sie auf in Blitzen,
und lässt den Körper auf der Erde zurück
sie taumelt sich überschlagend ins Glück.

90.
Von der Blume lerne ich viel,
ich bin einfach da ohne Ziel,
es genügt schon zu blühen
ohne Arbeit und Mühen.

91.
Meine Freude ist ein heller Faden,
den ich spanne und meine Klagen
sind eine dunkle Schnur,
die knüpfen zum Himmel eine geheimnisvolle Spur.

92.
Es gibt in meinem Inneren einen Kern,
um den kreist immerfort ein Stern,
aus ihm wächst einmal ein Himmelsbaum
in diesen unermesslichen Raum.

93.
Wie ein Apfel ist mein Leben,
ich muss mich der Zeit hingeben,
und werde schrumpelig und alt,
es bleibt der Kern, wird es kalt.

94.
Ich gehe unter und ich gehe auf
wie die Sonne in ihrem ewigen Kreislauf,
in mir brennt ein Feuer klar und rein,
einmal werd' ich mit dir eins sein.

95.
Ich bin ein junger, lustiger Fluss,
der über Steine und Felsen springen muss,
später werde ich breit und ruhig fliessen
und mich in dich o ewiges Meer ergiessen.

96.
In mir ist das Paradies ein duftender Garten,
wo alle Blumen dich erwarten,
bleiben möchte ich immer an diesem Ort,
der hell erleuchtet ist von deinem Wort.

97.
Du lässt Sternen zusammenstossen mit Gewalt,
du gibst kosmischen Räumen neue Gestalt,
Flügel formst du für den Schmetterling,
gibst eine Bedeutung jedem winzigen Ding.

98.
Wo bist du? So gross und unendlich,
für meinen suchenden Geist unverständlich,
du gehst singend auf den Wegen meiner Seele,
dass ich dich treffe in meines Verstandes Leere.

99.
Ich legte alle meine Fragen in ein Lied,
das wie ein weisser Hauch zu dir stieg,
es hat in den Himmel grosse Bogen
kreisend in dein Ohr hinein gezogen.

100.
Es gibt einen heiligen Raum, eine Kapelle
in mir oder ist es eine helle freudige Welle
aus Licht, die mich singend durchdringt
und mich aus der Zeit in deine Nähe bringt.

101.
So kreise ich um dich seit Urzeiten,
von deinen Bahnen lasse ich mich leiten,
und bin selber am Ende ein Stern,
der durch das Universum leuchtet von fern.

102.
O welch ein Wunder, dass ich mich wiederfinde
in den vielen duftenden Blüten einer Linde,
die verwurzelt ist auf meines Herzens Hügel
und deren Äste rauschen wie Engelsflügel.

103.
Der Stundensand gleitet an meinen Fingern vorbei,
wie eine Schale bricht mein Verstand entzwei,
der Himmel kann nicht anders, als seinen Segen
in meine leeren Hände zu legen.

104.
Nun kehr ich in der Stille ein,
in meiner Seele komm ich heim,
es rauscht ein leiser Wind
und trägt mich fort als wäre ich ein Kind.

105.
Ein einfaches Gebet steht in meinem Herz,
es ist ein rundes Gefäss für den Schmerz,
ein hoher Klangraum für den Gesang,
dem Staunen ein wundersamer Neuanfang.

106.
Mein Glaube ist gross und mächtig wie ein Berg,
manchmal schüchtern und verspielt wie ein Zwerg,
er plaudert so munter wie ein Bach,
in der Nacht liegt er vor Sorgen oft wach.

107.
Mein Glaube ist wie ein Kind,
er hüpft über Pfützen und läuft geschwind,
er erfindet zauberhafte Spiele,
nie erreicht er die vorgegebenen Ziele.

108.
Mein Glaube ist blind,
er lässt sich treiben vom Wind,
er findet dich immer im Innersten still,
wo er nichts mehr begreifen will.

109.
Unter dem Sternenhimmel steht offen
meine Seele für ein grosses Hoffen,
du wirst aus deiner Höhe niederlegen
in meine innigste Tiefe deinen Segen.

110.
Muss ich es der ganzen Welt verkünden,
einmal wird mein Lebensfluss in dich münden,
und es wird keine Unterschiede mehr geben
in dem neuen sternenweiten Leben.

111.
Am Ende steh ich Gott vor dir,
alles wirst du nehmen von mir,
nur unsere alte Freundschaft besteht,
wenn alles andere vergeht.

112.
Du lädst mich ein in dein Wort,
im Innersten an einem geheimen Ort,
und dort lausche ich nach deinem Sinn,
wo alles hinführt zu einem Neubeginn.

113.
Engelsflügel tanzen und schwingen,
Chöre werden mit tausend Stimmen singen,
und ich werde auf hellen Bahnen fortschweben,
die es schon immer in meinem Innern gegeben.

114.
Nehme ich mein Leben wahr als Ganzes,
sehe ich wundersame Linien des Tanzes
durch alle bunten Stunden gehen
und ein kunstreich gemaltes Bild entstehen.

115.
Wenn die Glocke meines Abschieds läutet
erfasse ich erst, was mein Leben bedeutet,
mein Kleid wird mir ausgezogen
und ich versinke in Lichtwogen.

116.
So stehe ich nackt und bloss,
die Erde schickt mich fort aus ihrem Schoss,
in dieser Leere bin ich bange,
werde ich dir nah sein, Wange an Wange.

117.
So nimmst du mich in deine Hände
ich lös mich aus dem Griff der Zwänge,
mein Geist flattert fröhlich und frei,
das Gefäss der irdischen Zeit bricht entzwei.

118.
Gott, du bist mein Ziel,
was du mir gibst, ist zuviel,
ich kann es nicht halten
in deinen Mächten und Gewalten.

119.
So werde ich klein,
und gehe durch eine Ritze in dich ein,
ich werde ewig in deinem rein
blühenden Himmelreich sein.

120.
So werde ich gross
und versinke in deinem Schoss,
in Sternenräumen geborgen
blüht und duftet ein neuer Morgen.